Rezept für Gemüsegesichter

1 Setze die Wörter ein.

• Vollkornbrötchen • ~~Gemüse~~ • Tomate • Gurke • Vollkornbrötchen
• Frischkäse • Gemüse • Schnittlauch • Radieschen

[1] Zuerst wasche ich das Gemüse.

[ ] Dann schneide ich das ____________
in Scheiben und die ____________ in Würfel.

[ ] Danach schneide ich die ____________
und den ____________ klein.

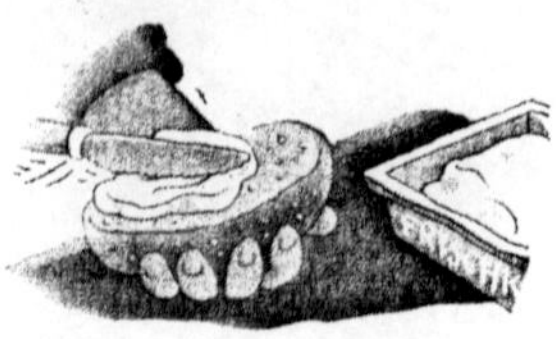

[ ] Nun ______________________________
____
____

[ ] Zum Schluss ______________________________
______________________________.
____

2 *Welches Gemüse magst du?*

Ich mag ______________________________

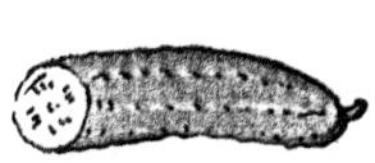

• die Gurke

• der Schnittlauch

• das Gemüse

• die Tomate

• das Radieschen

• der Frischkäse

Jo-Jo

Sprachbuch 2

Sprachförderheft

Erarbeitet von

Monika Budke
Anne Goecke
Gabriele Woitalla
Marion Wolf
und der
Cornelsen Redaktion
Primarstufe

Cornelsen

Jo-Jo

Sprachbuch 2
Sprachförderheft

Erarbeitet von	Monika Budke, Anne Goecke, Gabriele Woitalla, Marion Wolf
Unter Beratung von	Judith Baum (Olpe), Ann-Christin Fischer (Marburg), Elisabeth Reelsen (Esslingen am Neckar)
Redaktion	Gabriela Korup
Illustrationen	Susann Hesselbarth, Gabriela Silveira
Umschlagillustration	Sylvia Graupner
Layoutkonzept	Heike Börner
Technische Umsetzung	tritopp, Berlin

www.cornelsen.de

1. Auflage, 1. Druck 2011

Druck: Himmer AG, Augsburg

ISBN 978-3-06-082605-6

Inhalt gedruckt auf säurefreiem Papier aus nachhaltiger Forstwirtschaft.

Inhalt

Ich – Du – Wir

1 Beantworte die Fragen.

Wer liest in einem grünen Buch?

Die Lehrerin liest in einem grünen Buch.

Wer malt einen Luftballon?

______ malt einen Luftballon.

Wer spielt mit Carlo?

______ spielt mit Carlo.

Wer trägt eine rote Brille?

______ trägt eine rote Brille.

2 Beantworte die Frage. Schreibe einen Satz.

Was steht am Fenster?

______

● die Lehrerin

● das Buch

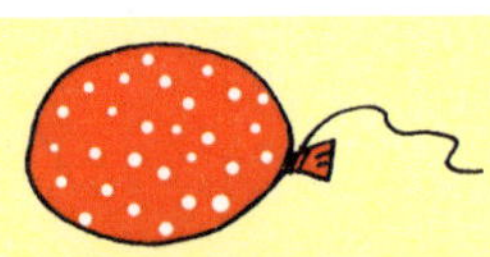
● der Luftballon

● die Uhr

● die Brille

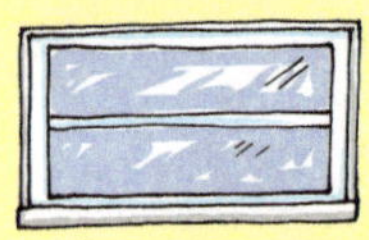
● das Fenster

● die Pflanze

● der Pinsel

Die Bildbetrachtung (Sprachbuch Seite 4) mit allen Kindern der Klasse vorschalten, dabei das Antworten im ganzen Satz thematisieren.

Kleine Texte schreiben

1 Löse die Rätsel. Das Bild hilft dir.

● ~~Pflanze~~ ● Pinsel
● Uhr ● Buch

Was ist grün und steht am Fenster?

Die Pflanze ist grün und steht am Fenster.

Was hat viele Seiten und steht im Regal?

Das ______ hat viele Seiten und steht im Regal.

Was ist rund und hat zwei Zeiger?

Die ______ ist rund und hat zwei Zeiger.

Was hat einen Griff aus Holz und feine Haare?

Der ______ hat einen Griff aus Holz und feine Haare.

2 Erfinde ein eigenes Rätsel. Schreibe es in dein Heft und lies es einem anderen Kind vor.

● das Regal

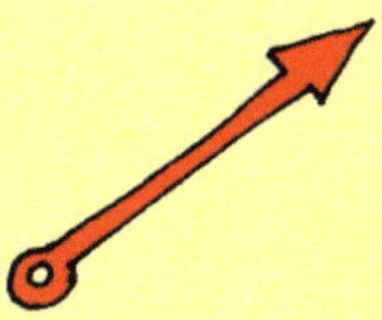
● der Zeiger

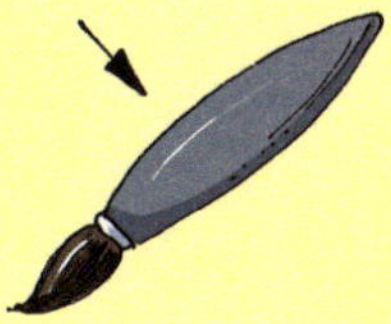
● der Griff

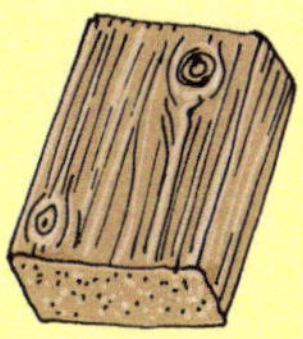
● das Holz

Die Begriffe *Text* und *Rätsel* müssen ggf. erläutert werden;
die Rätsel der Sprachbuchseite sollten zuvor mündlich erarbeitet werden.

Nomen kennen lernen

Nomen =
Namenwort

1 Was gehört zusammen? Schreibe in die Tabelle.

Menschen	Tiere
die Frau	

Pflanzen	Dinge

2 Ein Nomen in jeder Reihe passt nicht. Streiche es durch.

Pflanzen:	Tulpe	Gras	Baum	Strauch	Junge
Dinge:	Ball	Auto	Vogel	Trommel	Puppe

3 Übermale den Anfangsbuchstaben der Wörter gelb.

Quartettspiel erläutern, Spielregeln erklären;
der Begriff *Nomen* muss zuvor mündlich mit der gesamten Klasse erarbeitet sein.

Nomen großschreiben

Nomen = Namenwort
Nomen werden großgeschrieben.

1 Setze die Wörter in die Lücken ein.

● Ball   ● ~~Spielkiste~~   ● Würfelbecher   ● Kartenspiel   ● Würfel

Hanna und Carlo holen die Spielkiste .

Carlo will das ______ spielen.

Hanna sucht den ______

und die ______ .

Paul möchte lieber mit dem ______ spielen.

2 Welche Wörter sind Nomen? Schreibe nur die Nomen auf.

Igel   spielen   Baum   Puppe   nett   Auto   malen   Domino

______

3 Übermale den großen Anfangsbuchstaben der Nomen.

● der Würfel

● das Kartenspiel

● das Jo-Jo

● das Puzzle

● die Murmel

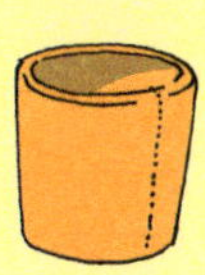

● der Würfelbecher

● das Domino

● die Spielkiste

Großschreibung von Nomen als ein Kennzeichen
noch einmal wiederholen.

Silben schwingen

1 Schwinge die Namen. Zeichne die Silbenbögen.

Lisa Linus Greta

Anna Tim Murat

2 Schreibe die Wörter auf. Zeichne die Silbenbögen darunter.

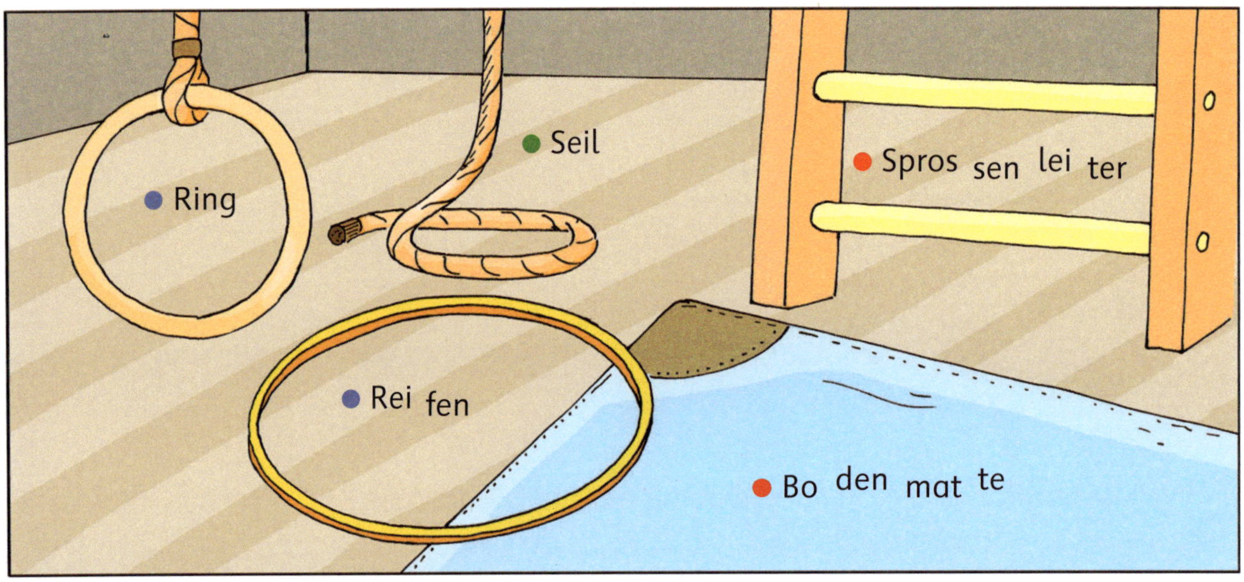

der Ring,

3 Setze die Silbenbögen unter die Wörter.

die Sporthalle

der Purzelbaum

das Klettergerüst

Mit der gesamten Klasse den Begriff *Silben* klären, Namen schwingen (auch mit Bewegungen).

Hier üben wir

1 Ordne die Sätze den Bildern zu.

	Sie holen die Hefte und schreiben.
1	Alle Kinder lernen in der Schule.
	Zwei Kinder schreiben an die Tafel.
	Die Kinder lesen den Text.

2 Schreibe die Sätze in der richtigen Reihenfolge auf.

In der Schule

Alle

3 Verbinde. Schreibe die Wörter. Übermale den Anfangsbuchstaben gelb.

● die Schu — rer

● der Leh — le

● die Ta — se

● die Klas — fel

Herbst

1 Setze die Wörter in die Lücken ein.

~~● Kastanie~~ ● Nuss ● Blatt ● Blume ● Feder

Julia legt die Kastanie in die Schatzkiste.

Jonas legt das ______ in die Schatzkiste.

Anna legt die ______ in die Schatzkiste.

Paul legt die ______ in die Schatzkiste.

Marie legt die ______ in die Schatzkiste.

2 Was legst du in die Schatzkiste? Male und schreibe auf.

Ich lege ______

______

______ in die Schatzkiste.

● der Kürbis

● der Tannenzapfen

● die Esskastanie

● das Schneckenhaus

● die Eichel

● die Feder

Die Bildbetrachtung (Sprachbuch Seite 10) mit der gesamten Klasse vorschalten, den Begriff *Fundstücke* klären; das Antworten im ganzen Satz thematisieren.

Einladungen

1 Schreibe die Einladung richtig auf.

⑥ Bitte bringt Teller und Löffel mit.

④ Wir stellen unsere Schatzkisten aus.

⑤ Es gibt Kürbissuppe.

③ Es ist am 1. Oktober von 14 bis 16 Uhr.

② Wir laden euch zu unserem Herbstfest ein.

① ~~Liebe Eltern!~~

⑦ Eure Klasse 2

Liebe Eltern!

Den Aufbau und die Elemente einer Einladung vorher besprechen (vgl. Sprachbuch Seite 11).

Bestimmte Artikel

> **!** Artikel = Begleiter
> ● der ● die ● das

1 Setze die Artikel ● der, ● die oder ● das ein.
Trage den Buchstaben vor dem richtigen Artikel in das Lösungswort ein.

K der L das	●	der	Teller	
B der Ü das	●		Glas	
R der G das	●		Löffel	
B die F das	●		Gabel	
I der D das	●		Kürbis	
A der U die	●		Suppe	
H das P die	●		Tasse	
M der P das	●		Messer	

Lösungswort: D I E K _ _ _ _ S S _ _ _ E

2 Verbinde, was zusammen passt.

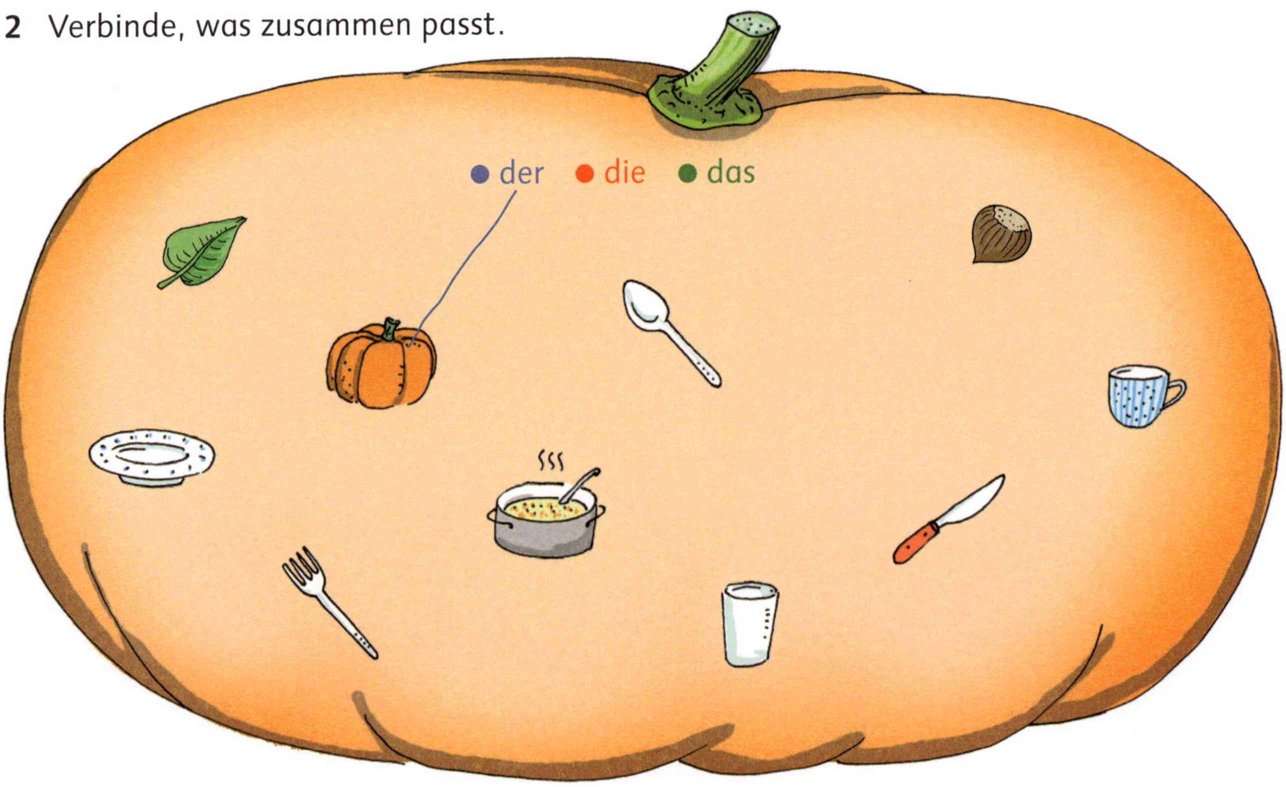

3 Schreibe die Wörter mit ihrem Artikel in dein Heft.

Einführung des bestimmten Artikels mit der gesamten Klasse (vgl. Sprachbuch Seite 12), Begriffe *Artikel/Begleiter* klären; farbige Artikelmarkierungen im Arbeitsheft einführen, Artikelpunkte als Hilfsmittel nutzen, Vorgehen zum Finden des Lösungswortes erklären.

Unbestimmte Artikel

Artikel = Begleiter
bestimmte Artikel: ● der ● die ● das
unbestimmte Artikel: ● ein ● eine ● ein

1 Was passt?

● ein ● eine ● ein

Finde das Lösungswort.

● der Mond 

L ein
R eine

● ein Mond

● die Katze 

O ein
R eine

● ______ Katze

● die Sonne 

B ein
A eine

● ______ Sonne

● die Blume 

H ein
N eine

● ______ Blume

● das Schaf 

T ein
S eine

● ______ Schaf

● der Stern 

E ein
N eine

● ______ Stern

● das Pferd 

E ein
B eine

● ______ Pferd

Lösungswort: D I E L _ _ _ _ _ _

2 Verbinde, was zusammen passt.

ein ● ● eine ●

das Schaf
der Apfel
die Nuss
die Schatzkiste
die Birne
der Kuchen
der Vogel
das Blatt
der Drachen
das Herbstfest
der Baum
die Laterne

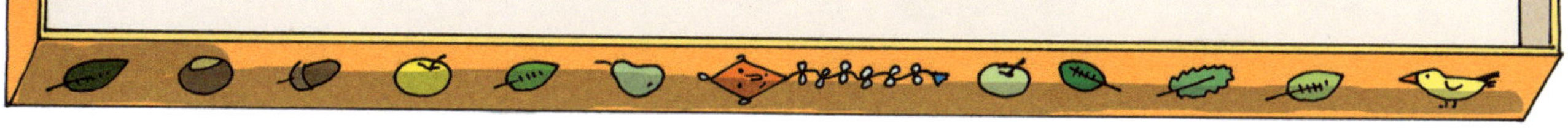

Einführung des unbestimmten Artikels mit der gesamten Klasse (vgl. Sprachbuch Seite 13), Wiederholung der Begriffe *Artikel/Begleiter*, nochmals auf die Farbmarkierung der Artikel als Hilfsmittel hinweisen.

Ordnen und nachschlagen

1 Ordne die Wörter nach dem ABC.

● Laterne

● Uhu

● Drachen

● Eichel

2 Ordne die Wörter nach dem ABC.

● Teller ● Löffel ● Gabel

● Suppe ● Tasse ● Messer

3 Suche in der Wörterliste und schreibe auf:
das erste Wort bei A/a, bei I/i, bei N/n und bei T/t.

● die Marmelade

● der Qualm
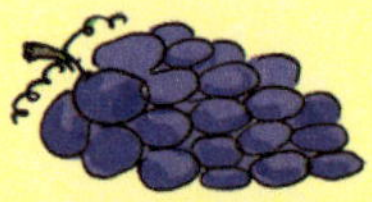
● die Traube

● der Papierflieger

● der Fuchs

● der Champignon

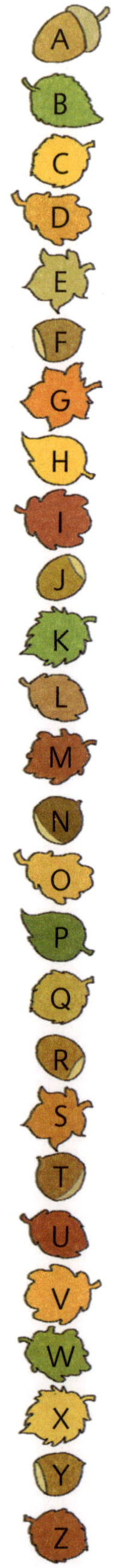

Zuvor mit allen Kindern der Klasse das ABC einüben,
Wörter nach dem ABC ordnen, die Wörterliste nutzen.

Hier üben wir

1 Ordne die Sätze den Bildern zu.

	Frau Meier bringt die Suppe.
1	Die Kinder decken den Tisch.
	Alle essen.
	Die Teller sind leer.

2 Schreibe die Sätze in der richtigen Reihenfolge auf.

1 Die Kinder

2

3

4

3 Löse die Rätsel.

A	B	C	D	E	F	G	H	I	J	K	L	M
1	2	3	4	5	6	7	8	9	10	11	12	13
N	**O**	**P**	**Q**	**R**	**S**	**T**	**U**	**V**	**W**	**X**	**Y**	**Z**
14	15	16	17	18	19	20	21	22	23	24	25	26

4	9	5

19	21	16	16	5

9	19	20

7	21	20

4 Schreibe eigene Wörter in der Geheimschrift in dein Heft.

Der Übungstext der Sprachbuchseite muss vorher inhaltlich erarbeitet sein;
Erklärungen zum Rätselcode anhand der Sprachbuchseite 15 vorschalten.

Natur entdecken: Tiere

1 Schau dir die Bilder an. Beantworte die Fragen.

Jonas bürstet

Was macht Jonas?

Jonas bürstet den Hund.

Lisa spielt

Was macht Lisa?

______ mit der ______.

Oma füttert

Was macht Oma?

______ den ______.

Tim streichelt

Was macht Tim?

______ den ______.

Marie reitet

Was macht Marie?

______ auf dem ______.

2 Hast du ein Lieblingstier? Male und schreibe dazu.

______

______

● der Hund

● die Katze

● der Wellensittich

● der Esel

● das Pferd

Das Unterrichtsgespräch über die Sprachbuchseite 16 mit der ganzen Klasse vorschalten, dabei das Antworten im ganzen Satz thematisieren.

Fragen zu einem Text

1 Lies die Fragen und überlege. Verbinde sie mit den richtigen Antworten.

Wie oft muss ein Hund spazieren gehen?	Ein Hund muss einmal am Tag gefüttert werden.
Wie oft muss ein Hund gefüttert werden?	Ein Hund muss zweimal am Tag spazieren gehen.
Warum muss ein Hund gebürstet werden?	Ein Hund muss einmal im Jahr zum Tierarzt.
Wie oft muss ein Hund zum Tierarzt?	Ein Hund muss gebürstet werden, damit sein Fell glänzt.

2 Schreibe die Antworten ab.

Ein Hund

● der Tierarzt

● das Fell

● das Futter

● die Leine

● der Fressnapf

● die Bürste

Gemeinsame mündliche Bearbeitung der Aufgaben 1 und 2 im Sprachbuch Seite 17, anschließend selbstständige Bearbeitung der Arbeitsheftseite.

Verben kennen lernen

! Verb = Tuwort

1 Was können Hunde? Verbinde, was die Hunde tun.

	Hunde können	schwimmen.
	Hunde können	fressen.
	Hunde können	rennen.
	Hunde können	spielen.
	Hunde können	schlafen.

2 Was können Kinder? Schreibe die Antworten auf.

rennen   klettern   schreiben   ~~lesen~~   schwimmen

Kinder können lesen.

Kinder können

3 Was kannst du? Schreibe es auf.

Ich kann

Vorausgegangen sein sollte eine pantomimische bzw. spielerische Darstellung der Verben mit der ganzen Klasse. Die Tierlaute der Aufgabe 2 im Sprachbuch müssen mündlich erarbeitet werden.

Selbstlaute

A/a, E/e, I/i, O/o, U/u
sind Selbstlaute.

1 Male in den Nomen die Selbstlaute gelb an.

● das Pferd

● der Igel

● der Vogel

● der Hund

● der Hase

● der Fisch

● das Zebra

● das Lama

2 Wie heißen die Tiere? Setze die Selbstlaute ein.

● der V o g e l ● der F _ sch ● der H _ nd ● das Z _ br _

● das L _ m _ ● das Pf _ rd ● der H _ s _ ● der _ g _ l

3 Wir verwandeln Wörter.

●	H	a	s	e
●	H	O	s	e

●	O	h	r
●		h	r

●	H	u	n	d
●	H		n	d

●	M	u	n	d
●	M		n	d

●	W	e	l	l	e
●	W		l	l	e

●	Z	u	n	g	e
●	Z		n	g	e

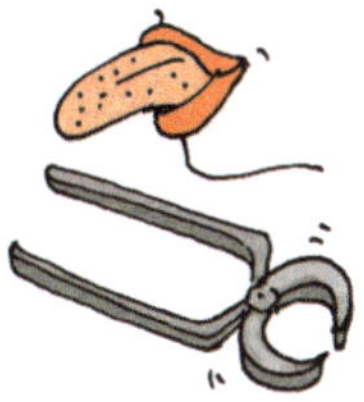

4 Schreibe die Wörter aus Aufgabe 3 in dein Heft.

Einführung der Selbstlaute mit der ganzen Klasse, anschließend gemeinsam im Sprachbuch Seite 19, Aufgabe 1 erarbeiten.
Anschließend Weiterarbeit mit der Arbeitsheftseite 19 (das Thema Mitlaute entfällt hier).

Silbenkönige

A/a, E/e, I/i, O/o, U/u sind Selbstlaute.
Selbstlaute sind Silbenkönige.

1 Zeichne die Silbenbögen.
Male die Silbenkönige gelb an.

Fisch

Schaf

Frosch

Wal

Hirsch

Ente

Kamel

Nashorn

Löwe

Lama

2 Wie heißen die Tiere? Schreibe sie mit ihrem Artikel auf.

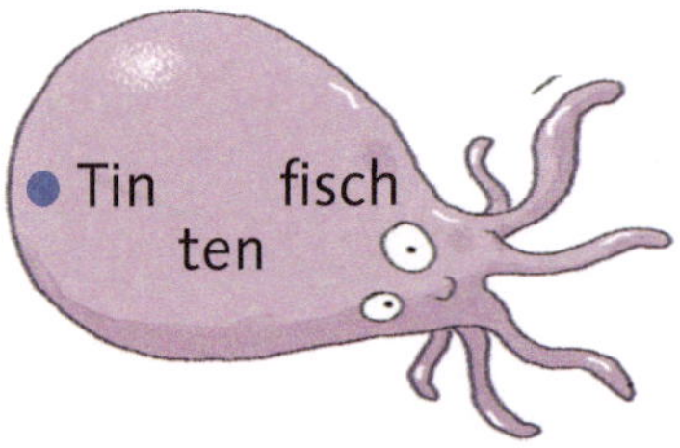

der Regenwurm,

3 Zeichne die Silbenbögen unter die Tiernamen. Male die Silbenkönige an.

Gemeinsam mit der ganzen Klasse Klärung des Begriffs *Silbenkönig*.
Aufgabe 2 ist eine vereinfachte Form der Aufgabe 3 im Sprachbuch Seite 20.

Hier üben wir

1 Ordne die Sätze den Bildern zu.

☐ Er will die Katze fangen.

1 Der Hund Bello sieht eine Katze im Hof.

☐ Der Hund bellt laut und läuft schnell aus dem Haus.

☐ Die Katze sitzt auf der Bank und putzt sich.

Schreibe in Schreibschrift!

2 Schreibe die Sätze in der richtigen Reihenfolge auf.

Der Hund

Der Hund

3 Wer ist schneller?

Ab◆r d❖◆ K✿tz◆ ❖st schn◆ll◆r ✿ls B◆ll✢.

a	=	✿
e	=	◆
i	=	❖
o	=	✢
u	=	⊘

Der Übungstext der Sprachbuchseite
muss vorher inhaltlich erarbeitet sein.

1. Jo-Jo-Test

Fragen zu einem Text

1 Lies den Text und die Fragen. Unterstreiche die Antworten im Text.

Katzen zeigen genau, was sie wollen:
Eine Katze, die gerne gestreichelt werden möchte,
schmiegt sich an dein Bein.
Zeigt dir eine Katze einen Buckel,
solltest du sie lieber in Ruhe lassen.
Ihr Fell sträubt sich, wenn die Katze richtig wütend ist.

① Was macht die Katze, wenn sie gestreichelt werden möchte?
② Was macht die Katze, wenn du sie in Ruhe lassen sollst?
③ Was passiert mit dem Fell der Katze, wenn sie richtig wütend ist?

2 Schreibe die Antworten auf.

①

②

③

Nomen erkennen

3 Welche Wörter sind Nomen? Schreibe sie mit dem bestimmten Artikel auf.

● Kind	● Suppe	● Tafel	decken	heiß
lernen	● Name	gut	● Bleistift	● Mädchen

Fragen zu einem Text beantworten, Nomen erkennen, mit dem bestimmten Artikel notieren.

Ordnen und nachschlagen

4 Welche Buchstaben fehlen? Setze ein.

5 Schreibe die Wörter nach dem ABC geordnet auf.

① ● Mädchen ● Junge ● Tafel

② ● Tisch ● Bett ● Lampe

③ wollen fangen sitzen

Verben zuordnen

6 Ordne jedem Bild ein passendes Verb zu.

weinen | schaukeln | schlafen | essen

Selbstlaute

7 Male in den Wörtern alle Selbstlaute an.

● Hund ● Katze ● Esel ● Stern ● Rose

● Schnee ● Mann ● Tisch ● Tafel ● Kuchen

Winter

1 Ordne die Sätze den Bildern zu. Setze das passende Weihnachtswort ein.

- ● Weihnachtsmarkt
- ● Weihnachtsgeschenk
- ● ~~Weihnachtskeks~~
- ● Weihnachtsbaum

1 
2 
3 
4 

☐ Mama sticht einen Weihnachtskeks aus.

☐ Im Wohnzimmer steht ein geschmückter ____________.

☐ Anne hat ein tolles ____________ ausgepackt.

☐ Papa und Paul sind auf dem ____________.

2 Woran erkennst du, dass bald Weihnachten ist? Male und schreibe.

____

____

____

● die Weihnachtskugel

● die Tanne

● die Ausstechform

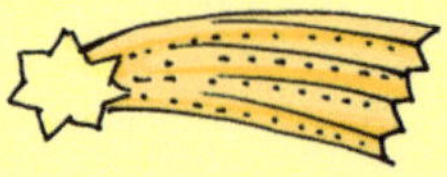
● die Sternschnuppe

● die Inliner

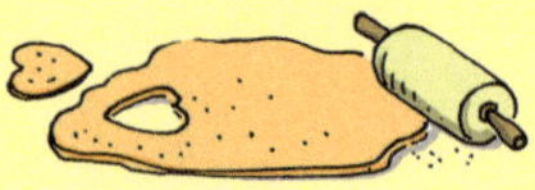
● der Teig

Die Bildbetrachtung (Sprachbuch Seite 24) mit der ganzen Klasse vorschalten, dabei das Antworten im ganzen Satz thematisieren

Bastelanleitung

1 Schreibe die Satzanfänge in der richtigen Reihenfolge dazu.

① Zuerst schneide ich … ② Dann falte ich … ③ Danach schneide ich … ④ Nun falte ich … ⑤ Zum Schluss klebe ich …

Zuerst

zwei gleichgroße Kreise aus Papier aus.

einen Kreis dreimal zusammen.

an den Faltlinien ein.

den Kreis auseinander und biege die Zacken zum Stern.

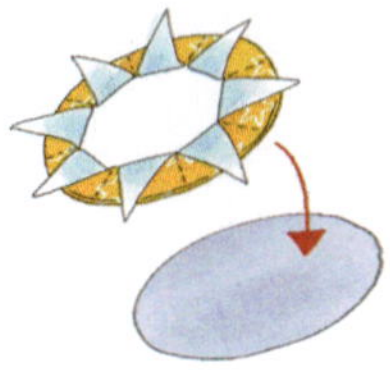

den Stern mit dem Kreis zusammen.

2 Schreibe deinen Weihnachtsgruß in deinen Stern.

3 Kennst du Weihnachtsgrüße in einer anderen Sprache?

Den Aufbau einer Bastelanleitung und die Reihenfolge passender Satzanfänge vor Bearbeitung der Arbeitsheftseite mit der ganzen Klasse besprechen.

Aussagesätze

1 Schreibe den Text ab.
Am Satzanfang musst du großschreiben.
Übermale den Buchstaben am Satzanfang gelb.
Setze den Punkt am Satzende.

> Am Satzanfang schreibt man groß.
> Nach jedem Aussagesatz steht ein Punkt.

heute gehen Papa und Paul auf den Weihnachtsmarkt
sie wollen Weihnachtsgeschenke kaufen
auf dem Weihnachtsmarkt ist viel los
an einem Stand verkauft ein Mann bunte Kerzen
für Mama kauft Paul eine blaue Kerze

Heute

der Chor

die Krippe

das Stroh

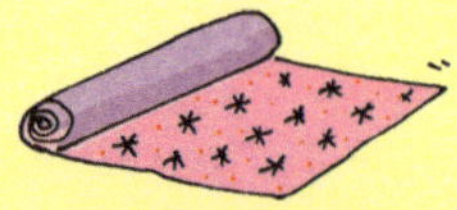
das Geschenkpapier

die Flöte

der Stand

die Kerze

der Lebkuchen

Die Einführung in die Thematik Satzarten erfolgt zuvor mit der gesamten Klasse.
Dabei die Begriffe *Aussagesatz, Satzschlusszeichen, Punkt* erklären.

Fragesätze

Nach jedem Aussagesatz steht ein Punkt: .
Nach jedem Fragesatz steht ein Fragezeichen: ?

1 Maja ist neu in deiner Klasse. Sie fragt dich vieles.
Beantworte Majas Fragen.
Schreibe den Antwortsatz zu Ende.
Setze die Satzzeichen am Satzende ein.

Wie heißt du ? Ich heiße ______ .

Wie alt bist du ___ Ich bin ______ Jahre alt ___

Wann hast du Geburtstag ___ Ich habe am ______ Geburtstag ___

Was spielst du gerne ___ Ich spiele gerne ______ ___

2 Lies den Text. Setze am Satzende einen . oder ein ? ein.
Was könnte in dem Paket sein? Schreibe es auf.

Paul hat Geburtstag ___ was er wohl für ein Geschenk bekommt ___ auf dem Tisch steht ein großes Paket ___ wie soll er das Paket öffnen ___ Mama hilft ihm ___ im Paket ist ______ ___

3 Schreibe den Text ab. Schreibe am Satzanfang groß.

Die Einführung in die Thematik Satzarten erfolgt zuvor mit der gesamten Klasse.
Dabei die Begriffe *Fragesatz* und *Fragezeichen* erklären.

Wörter mit langem ie

1 Setze die Wörter in die Sätze ein. Male das lange ie gelb an.

~~zielen~~ schieben lieben liegen spielen

Wir zielen auf das Fußballtor.

Anna und Leon ______ gerne Memory.

Die Äpfel ______ im Korb.

Wir ______ das Fahrrad über die Straße.

Alle Kinder ______ Schokolade.

2 Setze die Wörter zusammen. Schreibe sie auf. Zeichne die Silbenbögen.

flie / lie + gen	schie / lie + ben	spie / zie + len
fliegen		

● die Ziege

● die Zwiebel

● die Biene

● der Stiefel

● die Fliege

● der Riese

● der Dieb

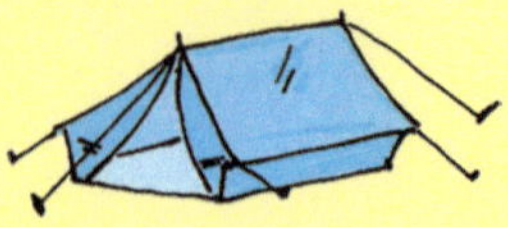
● das Zelt

Die Einführung der Wörter mit langem ie erfolgt zuvor mit der gesamten Klasse. Hilfreich: Zur Verdeutlichung der Sprechweise des langen ie ein Gummiband dehnen lassen.

Hier üben wir

1 Ordne die Sätze den Bildern zu.

- [ ] Wir üben viele Weihnachtslieder für die Weihnachtsfeier.
- [ ] Ob in diesem Jahr Schnee auf der Wiese liegen wird?
- [1] Alle Kinder freuen sich auf Weihnachten.
- [ ] Im Dezember schmücken wir den Baum mit Kerzen und Sternen.

2 Schreibe die Sätze in der richtigen Reihenfolge auf.

Alle

3 Zeichne die Silbenbögen.

freuen schmücken wünschen liegen

Der Übungstext der Sprachbuchseite muss vorher inhaltlich erarbeitet sein.

Zeiten und Räume

1 Schreibe die Jahreszeiten an den Kreis.

Es war eine Mutter,
die hatte vier Kinder:
den Frühling, den Sommer,
den Herbst und den Winter.

Der Frühling bringt Blumen,
der Sommer den Klee,
der Herbst bringt die Trauben,
der Winter den Schnee.

2 Schreibe die Sätze zu Ende.

- das Veilchen
- der Vogel

Im Frühling blüht das Veilchen.

Im Frühling baut __________ sein Nest.

- die Sonne
- der Klee

Im Sommer scheint __________ warm.

Im Sommer wächst __________ auf der Wiese.

- der Baum
- der Wind

Im Herbst verliert __________ seine Blätter.

Im Herbst lässt __________ die Drachen steigen.

- der Schnee
- der Schlitten

Im Winter fällt __________.

Im Winter wird __________ geholt.

Das gemeinsames Singen des Liedes und das Unterrichtsgespräch über die Jahreszeiten mit der ganzen Klasse vorschalten.

Geschichten vorbereiten

1 Verbinde das Bild mit dem richtigen Satz. Schreibe die Jahreszeit dazu.

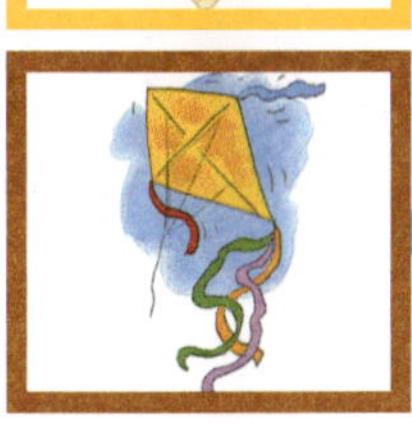

Im Frühling
bauen die Vögel ein Nest.

gehen wir schwimmen.

bauen wir einen Schneemann.

lassen wir die Drachen steigen.

fahren wir Schlitten.

gehen wir Eis essen.

blühen die Blumen.

gehen wir mit der Laterne.

2 In welcher Jahreszeit hast du Geburtstag?
Schreibe zu dieser Jahreszeit 2 Sätze ins Heft.

Die vorgegebenen Jahreszeitensätze können durch eigene Sätze ergänzt werden, so dass individuelle Texte entstehen.

Aufzählungen

Aufzählungen werden durch ein Komma getrennt.

September Juni Dezember August Mai

Januar Juli April November Februar Oktober ~~März~~

1 Ordne die Monate den Jahreszeiten zu.
Die Farben helfen dir.

März,

2 Kreise die Namen der Jahreszeiten ein.

Januar Herbst Februar März Frühling Oktober Mai

Juni Dezember Sommer September August Winter

3 Weißt du, wie die Jahreszeiten in einer anderen Sprache heißen?

Namen der Monate und Jahreszeiten üben, den Begriff Komma kennen lernen, Einbeziehung der Herkunftssprachen.

Zusammengesetzte Nomen

! Nomen = Namenwort

1 Schreibe das zusammengesetzte Nomen auf.

● der Apfel + ● der Kuchen = ● der Apfelkuchen

● die Hand + ● der Schuh = ●

● das Haus + ● die Tür = ●

● das Armband + ● die Uhr = ●

● der Kopf + ● das Tuch = ●

2 Schreibe die Sätze zu Ende. Unterstreiche die Nomen, die du zusammensetzt.

Eine <u>Tasse</u> für den <u>Tee</u> ist eine Teetasse.

Ein Eimer für den Müll ist ein ________.

Ein Spiel für den Computer ist ein ________.

Ein Becher für den Kakao ist ein ________.

3 Nimm diese Wörter auseinander:

● das Vogelnest — der Vogel +

● der Apfelbaum — ________

● die Brotdose — ________

Silbenkönige: Zwielaute

Au/au, Ei/ei, Eu/eu sind Zwielaute.
Auch Zwielaute sind Silbenkönige.

1 Male die Zwielaute gelb an.
Zeichne die Silbenbögen.

● die Freundin ● die Pflaume ● die Seife ● die Weintraube ● die Schaukel

2 Setze die Zwielaute ein. Zeichne die Silbenbögen.

● das Haus ● das F er ● die M s ● das s

● das to ● die Schl fe ● die le ● der G st

3 Schreibe die Wörter aus Aufgabe 2 mit ihrem Begleiter auf.

das Haus,

4 Setze die Nomen richtig zusammen. Übermale alle Zwielaute.

● die Seifen hut

● der Zauber blase

Wiederholung des Begriffs *Silbenkönige* (ggf. mit der ganzen Klasse),
Einführung der Zwielaute als Silbenkönige mit der ganzen Klasse.

Hier üben wir

! Die Selbstlaute A/a, E/e, I/i , O/o, U/u und Au/au, Ei/ei, Eu/ eu sind Silbenkönige.

1 Male die Silbenkönige gelb an.
Zeichne die Silbenbögen.

kennen   gehen   wissen   brauchen

● Kreis   ● Mitte   ● Tag   ● Monat

● Sonne   ● Woche   ● Zeit   ● Jahr

2 Was gehört zusammen? Male die Teile in gleichen Farben an.

Kolja weiß	die Monatsnamen.
Tina kennt	viel über die Sonne.
Alle wissen	den Jahreskreis.
Wir kennen	viel über die Zeit.

3 Schreibe die Sätze auf.

4 Unterstreiche in den Sätzen von Aufgabe 3 die zwei zusammengesetzten Nomen.

Den Übungstext der Sprachbuchseite gemeinsam mit der ganzen Klasse erarbeiten, Wiederholung der Silbenkönige an den Übungswörtern, sinnvolle Sätze bilden, zusammengesetzte Nomen erkennen.

Das bin ich

1 Setze die Wörter ein.

- ~~Saft~~
- Käsebrot
- Hörnchen
- Tee
- Vollkornbrot

Was trinkt Jonas zum Frühstück?

Jonas trinkt Saft zum Frühstück.

Was isst Paul zum Frühstück?

Paul isst ______ zum Frühstück.

Was isst Marie zum Frühstück?

Marie isst ein ______ zum Frühstück.

Was isst und trinkt Jule zum Frühstück?

Jule isst ein ______ und trinkt ______ zum Frühstück.

2 Was isst du gerne zum Frühstück?

Ich esse gerne ______

das Hörnchen

das Käsebrot

das Vollkornbrot

der Saft

der Tee

die Banane

der Apfel

Die Bildbetrachtung der Sprachbuchseite 36 sowie die Besprechung der Aufgaben 1 und 2 mit der gesamten Klasse vorschalten, ggf. die Bedeutung der Personalform von *essen: er* bzw. *sie isst* klären.

Rezept für Gemüsegesichter

1 Setze die Wörter ein.

● Vollkornbrötchen ● ~~Gemüse~~ ● Tomate ● Gurke ● Vollkornbrötchen
● Frischkäse ● Gemüse ● Schnittlauch ● Radieschen

1 Zuerst wasche ich das Gemüse .

☐ Dann schneide ich das ______

in Scheiben und die ______ in Würfel.

☐ Danach schneide ich die ______

und den ______ klein.

☐ Nun streiche ich den ______

auf das ______ .

☐ Zum Schluss lege ich mit dem ______

ein Gesicht auf das ______ .

2 Welches Gemüse magst du?

Ich mag ______

● die Gurke

● der Schnittlauch

● das Gemüse

● die Tomate

● das Radieschen

● der Frischkäse

Sprachbuch Seite 37, Aufgabe 1 muss vorbereitet werden, vor Bearbeitung der Arbeitsheftseite möglichst das Rezept mit der ganzen Klasse gemeinsam erproben.

Einzahl und Mehrzahl

Nomen gibt es in der Einzahl und in der Mehrzahl. In der Mehrzahl heißt der Artikel immer die.

1 Was gehört zusammen? Verbinde.

	● das Radieschen	○ die Zwiebeln	
	● die Zwiebel	○ die Radieschen	
	● die Tomate	○ die Äpfel	
	● der Apfel	○ die Brote	
	● das Brot	○ die Tomaten	
	● die Banane	○ die Brötchen	
	● das Brötchen	○ die Bananen	

2 Schreibe die Wörter in die Tabelle.

Einzahl (eins)	**Mehrzahl (mehr als eins)**
das Radieschen	die Radieschen

Zuvor: Erarbeitung der Begriffe *Einzahl* und *Mehrzahl* an der Sprachbuchseite 38 mit der ganzen Klasse, anschließend neue Artikelmarkierung erläutern: Mehrzahlartikel ist immer die, der farbige Ring verweist auf den unterschiedlichen Artikel in der Einzahl.

Silbenkönige: Umlaute

! Ä/ä, Ö/ö, Ü/ü sind Umlaute.
Auch Umlaute sind Silbenkönige.

1 Finde zu jedem Wort die Mehrzahl.
Verbinde.

- der Baumstamm
- das Fass
- der Topf
- die Wurst

- die Würste
- die Töpfe
- die Baumstämme
- die Fässer

2 Male alle Silbenkönige gelb an. Zeichne die Silbenbögen.

Strumpf – Strümpfe	Wald – Wälder	Holz – Hölzer
Garten – Gärten	Wand – Wände	Buch – Bücher

3 Schreibe die Nomen unter die Bilder. Male die Umlaute gelb an.

~~die Tüte~~ · der Bär · der Käse · der Löffel · die Tür · die Blüte

die Tüte

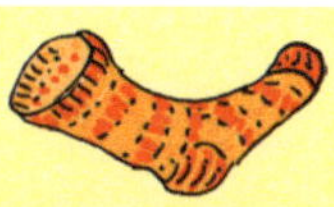
der Strumpf

der Garten

das Holz

die Wand

der Bär

der Schlüssel

die Blüte

der Wald

Einführung der Umlaute als Silbenkönige mit der ganzen Klasse gemeinsam,
anschließend Sprachbuch Seite 39, Aufgabe 1 als Vorbereitung auf die Arbeit im Arbeitsheft.

Ableiten: Wörter mit ä und äu

1 Setze den fehlenden Buchstaben ein.

Ä/ä-Wörter	**Verwandte Wörter mit A/a**
die Gäste	der Gast
die Äpfel	der pfel
die Säfte	der S ft
die Gläser	das Gl s
die Küchenbänke	die Küchenb nk
die Nächte	die N cht

2 Verbinde die verwandten Wörter.

träumen	saftig
aufräumen	● das Fahrrad
○ die Räder	● das Baumhaus
○ die Bäume	● der Raum
○ die Säfte	● der Traum

3 Suche ein verwandtes Wort.

○ die Mäuse	die Maus	○ die Blätter	
○ die Wände		○ die Bälle	

● die Küchenbank

● der Gast

● das Baumhaus

● der Raum

Den Begriff *verwandtes Wort* erklären, die Verwandtschaft von Wörtern erkennen, das Ableiten als Rechtschreibstrategie erfahren.

Hier üben wir

1 Was gehört zusammen? Male die Teile in gleichen Farben an.

Die Kinder	planen	den Tisch.
Sie	zeigt	ein Messer und einen Teller.
Vier Kinder	kaufen	ein gesundes Frühstück.
Die Kinder	braucht	sein Gemüsegesicht.
Jedes Kind	wollen	das Gemüse ein.
Thomas	decken	Brote mit Gemüsegesichtern belegen.

2 Schreibe die Sätze richtig auf.

Die Kinder

3 Zeichne die Silbenbögen.

zeigen   planen   essen   kaufen   bringen

Der Übungstext der Sprachbuchseite muss vorher inhaltlich erarbeitet sein,
damit sinnvolle Sätze gebildet werden können.

2. Jo-Jo-Test

Ein Rezept aufschreiben

1 Nummeriere die Sätze in der richtigen Reihenfolge.

☐ Ich lege die Apfelstücke auf den Teig.

☐ Ich schiebe den Kuchen in den Backofen.

☐ Sie legt den Teig in die Form.

☐ Mama knetet den Teig.

2 Schreibe die Arbeitsschritte in der richtigen Reihenfolge auf.

Aussagesätze und Fragesätze

3 Male den Satzanfang gelb an. Setze die Satzzeichen . oder ? .

Lisa hat einen großen Wunsch ☐ Sie möchte einen Hund bekommen ☐

Wann ist es endlich soweit ☐ Jeden Tag fragt sie ihre Mutter ☐

Morgen fahren sie ins Tierheim ☐ Wer könnte wohl dort auf Lisa warten ☐

Mit Hilfe der Bilder die Sätze zum Rezept ordnen und aufschreiben, Aussage- und Fragesätze erkennen.

Einzahl und Mehrzahl

4 Setze in der Mehrzahl die fehlenden Umlaute ein.

● das Dach 
die D cher

● der Fuß 
die F ße

● das Glas 
die Gl ser

● das Haus 
die H ser

● der Vogel 
die V gel

● der Ball 
die B lle

Wörter mit ä und äu

5 Setze die fehlenden Umlaute ein. Schreibe bei den Nomen den Artikel dazu.

rauben  ● R ber

verkaufen  ● Verk fer

laufen  ● L fer

● die Zahl  z hlen

● der Traum  tr men

● der Kamm  k mmen

Zusammengesetzte Nomen

6 In beiden Bildern versteckt sich ein zusammengesetztes Nomen mit Apfel.

●

●

Mehrzahlwörter mit Umlauten bilden, verwandte Wörter erkennen und die Umlaute einsetzen, zusammengesetzte Nomen bilden.

www.freizeit

1 Setze die Wörter in die Lücken ein.

● Buch ● ~~Fernseher~~ ● Computer ● Pferd ● Fußball ● Fahrrad ● Musik

Lea sitzt vor dem Fernseher .

Carlo fährt mit dem ______ .

Lisa hört ______ .

Ali und Tom spielen ______ .

Paul lernt am ______ .

Jonas liest ein ______ .

Anna reitet auf dem ______ .

2 Was machst du in deiner Freizeit? Male und schreibe es auf.

Die Bildbetrachtung der Sprachbuchseite 44 sowie die Besprechung der Aufgaben 1 und 2 mit der gesamten Klasse vorschalten, ggf. den Begriff *Freizeit* klären.

Texte überarbeiten

1 Setze die passenden Wörter ein.

~~① Gestern~~ ② Zuerst ③ Endlich ④ Dann
⑤ Plötzlich ⑥ Leider ⑦ Zum Glück

Gestern war ich auf dem Spielplatz. ______ war ich alleine.

Mir war langweilig. ______ kam mein Freund Alex.

______ spielten wir Fußball. ______ flog der Ball

in einen Garten. ______ konnten wir ihn nicht holen.

______ kam der Bruder von Alex. Er hat uns geholfen.

2 Schreibe den Text in dein Heft.
Unterstreiche immer den Satzanfang.

3 Was passt zusammen? Verbinde.

	Plötzlich	muss ich jetzt nach Hause.
	Zum Glück	habe ich Geburtstag.
	Leider	rollte der Ball auf die Straße.
	Endlich	konnte ich schwimmen.
	Auf einmal	konnte Papa mir helfen.

Mit der ganzen Klasse gemeinsam Tims Geschichte der Sprachbuchseite 45 lesen,
den Begriff *Satzanfänge* erklären und die verschiedenen Satzanfänge inhaltlich besprechen.

Vorsilben

! Vorsilben verändern die Bedeutung von Wörtern.

1 Schreibe die neuen Wörter auf.

an
um
weg

ziehen

anziehen  anziehen

umziehen 

wegziehen 

2 Verbinde. Schreibe die neuen Wörter auf.

vor
mit
ab

spielen

3 Setze die neuen Wörter aus Aufgabe 2 hier ein.

Tim muss den Ball

Anna lässt Maria

Jonas will auf der Flöte

4 Setze die Wörter ein. Dabei musst du die Verben von den Vorsilben trennen.

abmalen  Niko malt das Pferd ab .

ausmalen  Nele ______ die Blume ______ .

anmalen  Maja ______ die Kiste ______ .

Den Begriff *Vorsilbe* gemeinsam mit der ganzen Klasse erarbeiten, die Veränderung der Wortbedeutung durch Vorsilben erfahren und in Sinnzusammenhängen anwenden.

Wörter mit aa, ee, oo (M)

1 Schreibe die Wörter auf.
Male in jedem Wort aa, oo oder ee an.

● das Boot | ○ die Erdbeeren | ● die Fee | ○ die Haare | ● ~~der Schnee~~ | ● der Tee

der Schnee

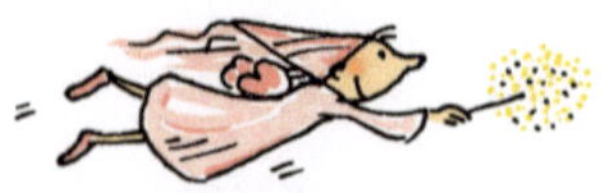

2 Setze die richtigen Wörter ein.

Auf dem Wasser fährt ein

Im Märchen zaubert die

Ich esse gerne

Der Frisör schneidet die

Im Winter fällt oft

Oma trinkt gerne

3 Bilde zusammengesetzte Nomen mit See : Pferdchen | Rose | Hund

● ● ●

Wörter mit Doppelvokalen als Merkwörter kennen lernen und
in Sinnzusammenhängen verwenden. Wiederholung zusammengesetzte Nomen.

Wörter mit Sp/sp und St/st

Artikel = Begleiter
● der ● die ● das

1 Male Sp/St an.

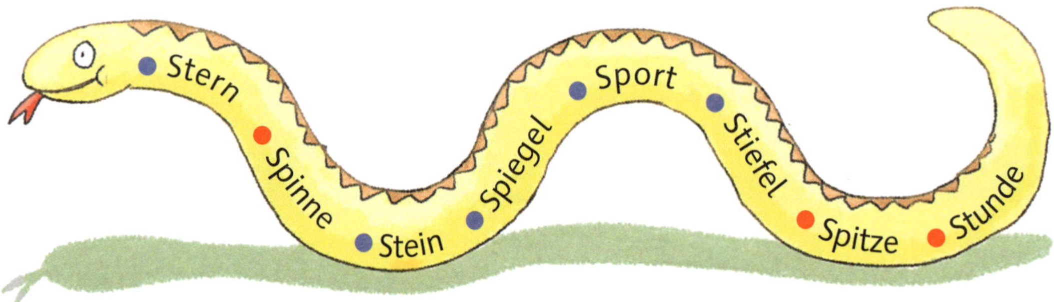

2 Trage die Wörter mit dem Artikel in die Tabelle ein.

St	Sp
der Stern	

3 Verbinde. Setze St/Sp ein.

St Sp

● die Sp inne
● die ___ unde
● die ___ raße
● die ___ itze

● der ___ iegel
● der ___ iefel
● der ___ ein
● der ___ ort

● der Specht

● der Spatz

● der Stier

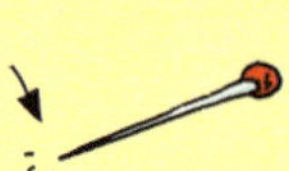
● die Spitze

● die Spinne

● der Spiegel

Schwierigkeiten der Schreibung sp und st vorher thematisieren (deutlich sprechen)
Wörter mit Sp/sp und St/st ordnen und richtig schreiben, Wörter mit Sp/sp und St/st bilden.

Hier üben wir

1 Zeichne die Silbenbögen.

● der Sport	müssen	● der Computer	fernsehen	● das Spiel
erzählen	● das Buch	spielen	● der Fernseher	überlegen

2 Schreibe die Wörter in die Tabelle.

Nomen	Verben
der Sport	

3 Was gehört zusammen? Male die Teile in gleichen Farben an.
Schreibe die Sätze in dein Heft.

Ich	nimmst die Sporttasche mit.
Du	nehmen am Sportfest teil.
Felix	nehme das Buch mit nach Hause.
Die Kinder	nimmt das Spiel aus dem Regal.

4 Suche in den Sätzen von Aufgabe 3 alle Sp-Wörter.
Male Sp gelb an.

Den Übungstext der Sprachbuchseite 49 gemeinsam mit der ganzen Klasse erarbeiten, Nomen und Verben unterscheiden, Personalformen des Verbs *nehmen* im Satzzusammenhang richtig verwenden.

Frühling

1 Setze die Wörter in die Lücken ein.

○ Kinder ~~○ Blüten~~ ○ Schmetterlinge ○ Blumen ○ Vögel

Im Frühling haben die Bäume viele Blüten .

Im Frühling spielen die ______ gerne draußen.

Auf der Wiese blühen die ersten ______ .

Durch die Luft flattern ______ .

Im Frühling singen die ______ .

2 Was gefällt dir am Frühling? Male und schreibe auf.

Am Frühling gefällt mir

● die Blüte

● das Windrad

● der Schmetterling

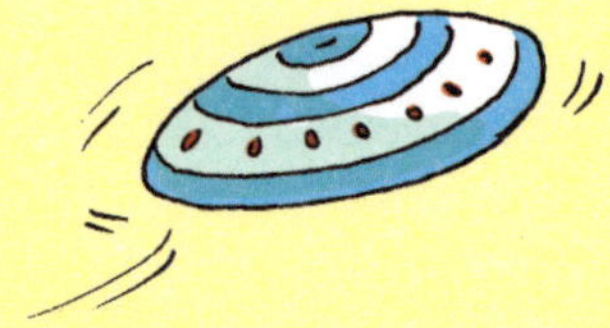

● die Frisbeescheibe

Zur Vorbereitung sollte die Bildbetrachtung (Sprachbuch Seite 50) mit der gesamten Klasse durchgeführt werden (ggf. auch unter Einbeziehung der Aufgaben 1 und 2).

Gedichte schreiben

1 Dieses Gedicht ist ein **Elf**chen. Zähle nach.

Wind
1

Im Frühling
2 3

Dreht das Windrad
4 5 6

Lässt die Fahnen flattern
7 8 9 10

Toll
11

2 Trage das Gedicht aus dem Windrad in den Bauplan ein.

3 Schreibe ein Elfchen mit diesen Wörtern. Oder: Schreibe ein eigenes Elfchen.

Frühling | Bunte Blumen blühen | Ich kann draußen spielen | Toll | Endlich warm

Die Erklärung der Begriffe *Elfchen* und *Bauplan*, sowie der Bauplan an sich sollte zuvor mit der gesamten Klasse besprochen werden (Sprachbuch Seite 51, Aufgabe 1). Die Großschreibung am Zeilenanfang bei Gedichten thematisieren.

Adjektive kennen lernen

Adjektive = Wiewörter

1 Wie ist diese Murmel? Verbinde, was passt.

rund — rot — eckig — rau

warm — kalt — glatt — blau

2 Wie sind Linas und Tims Murmeln?

blau | groß | klein | rot

Linas Murmeln sind ______ und ______.

Tims Murmeln sind ______

und ______.

3 Setze die Adjektive ein.

heiß | breit | ~~klein~~ | weiß | weit | rein

Was nicht groß ist, das ist klein.

Was nicht schmutzig ist, das ist ______.

Was nicht schmal ist, das ist ______.

Was nicht nah ist, das ist ______.

Was nicht schwarz ist, das ist ______.

Was nicht kalt ist, das ist ______.

Die Erklärung des Begriffs *Adjektiv* muss zuvor anhand von Beispielen und/oder der entsprechenden Sprachbuchseite mit der gesamten Klasse erarbeitet werden, das Murmelbild sollte gemeinsam besprochen werden.

Adjektive verwenden

Adjektiv = Wiewort

Manchmal musst du Adjektive verändern:
Die Murmel ist groß.
Die große Murmel.

1 Wie sieht der Hase aus? Setze die Adjektive ein.

kariert   lang   ~~klein~~   blau   bunt

Der Hase ist klein.

Die Ohren sind ______.

Das Hemd ist ______.

Das Halstuch ist ______.

Die Hose ist ______.

2 Unterstreiche die Adjektive im Text grün.

Der kleine Hase hat lange Ohren.
Er hat das karierte Hemd
und die blaue Hose angezogen.
Um den Hals hat er das bunte Tuch.

3 Setze die Adjektive ein. Denke daran: Du musst das Adjektiv verändern.

Der Hase ist grün. – Der grüne Hase lacht.

Der Hase ist rot. – Der ______ Hase hüpft.

Der Hase ist blau. – Der ______ Hase malt.

Der Hase ist gelb. – Der ______ Hase schläft.

Veränderungen von Adjektiven
mit der gesamten Klasse besprechen.

Merkwörter mit v (M)

1 Male V oder v in den Wörtern an.

viele ● der Vater ● die Vase vorsichtig voll violett
● der Vanillepudding ● das Verb ● das Klavier vergessen

2 Sprich die Wörter. Wie klingt das V/v? Ordne die Wörter in die Tabelle ein.

V/v wie in  ● der **Vampir**	V/v wie in  ● der **Vogel**
die Vase	

3 Verbinde und schreibe die Wörter.

vor
ver

lesen
spielen
schreiben
suchen

● die Vase

● der Vanillepudding

● das Klavier

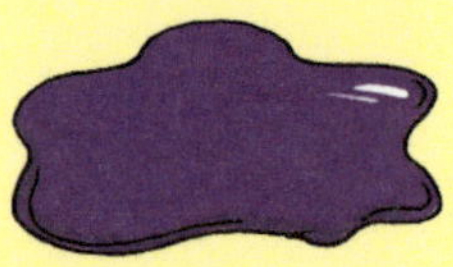
violett

Mündlich mit der gesamten Klasse Wörter mit V/v nach ihrem Klang sortieren und erklären, der Begriff *Vorsilbe* muss ebenfalls vorher geklärt werden.

Hier üben wir

1 Ordne die Sätze den Bildern zu.

- [ ] Jan hat viele rote und blaue Tupfer aufgemalt.
- [ ] Die Kinder bauen schöne Windspiele.
- 1 Die Veilchen blühen und die Vögel singen.
- [ ] Die Bänder fliegen lustig im Wind.
- [ ] Lina schmückt ihr Windspiel mit bunten Bändern.
- [ ] Die Windspiele bekommen einen Platz über der Haustür.

2 Schreibe die Sätze in der richtigen Reihenfolge auf.

Die Veilchen

Der Übungstext der Sprachbuchseite muss vorher inhaltlich erarbeitet sein.

Natur entdecken: Pflanzen

1 Im Garten wachsen verschiedene Pflanzen.
Was wächst im Gemüsebeet? Was wächst im Blumenbeet?
Die Bilder im gelben Kasten helfen dir.

● das Gemüsebeet

● das Blumenbeet

○ die Primeln ~~○ die Salatköpfe~~ ○ die Margeriten ○ die Bohnen
○ die Kohlköpfe ○ die Rosen ○ die Radieschen ○ die Möhren

Im Gemüsebeet wachsen:

die Salatköpfe,

Im Blumenbeet wachsen:

● der Salat

● der Kohl

● das Radieschen

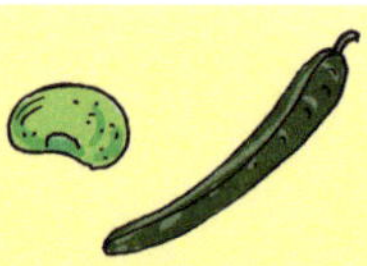

● die Bohne

● die Möhre

● die Rose

● die Margerite

● die Primel

Die Bildbetrachtung (Sprachbuch Seite 56) mit allen Kindern der Klasse vorschalten, dabei das Antworten im ganzen Satz thematisieren. Begriffe *Blumenbeet* und *Gemüsebeet* besonders thematisieren (Wortschatz).

Bildergeschichten aufschreiben

1 Ordne die Sätze den Bildern zu.

- [ ] In der Nacht knallen die Bohnen laut. Jonas bekommt große Angst.
- 1 Jonas ist ein Angeber. Er sagt, dass er nie Angst hat.
- [ ] Tina will Jonas erschrecken. Sie füllt Bohnen in ein Glas mit Wasser.
- [ ] Tina kommt und lacht. Sie erklärt Jonas:
  Es waren nur die Bohnen, die geknallt haben.

2 Schreibe die Sätze in der richtigen Reihenfolge auf.

Jonas ist

Verkleinerungsformen

1 Schreibe zu jedem Wort die Verkleinerungsform mit -chen .
Achtung: a wird ä, o wird ö, u wird ü, au wird äu.

- die Pflanze  das Pflänzchen
- der Wurm  das
- der Stock  das
- das Blatt  das
- der Stängel 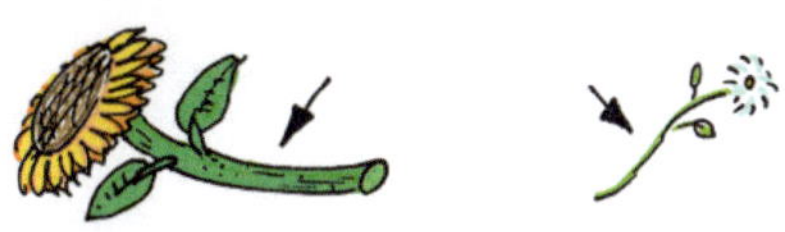 das
- der Topf  das
- der Baum  das

2 Im Land der Zwerge ist alles klein. Setze die Verkleinerungsform ein.

Der Teller ist ein Tellerchen.

Das Bett ist ein ______.

Der Tisch ist ein ______.

Der Stuhl ist ein ______.

Der Schrank ist ein ______.

Das Haus ist ein ______.

Das Bilden von Verkleinerungsformen zuvor mit der gesamten Klasse erarbeiten.

Wortstamm und Wortfamilie

> Jedes Wort hat einen Wortstamm, der meistens gleich bleibt. Wörter mit gleichem Wortstamm gehören zu einer Wortfamilie.

1 Wortfamilie Gieß gieß : Male den Wortstamm an.

die Gießkanne ausgießen

eingießen begießen

der Ausgießer das Gießwasser

2 Verbinde die Wortteile miteinander.

das	Pflanz	enbuch	das Pflanzenbuch
der	Pflanz	enname	
die Topf	pflanz	e	
die Gift	pflanz	e	
die Zimmer	pflanz	e	

2 Setze die Wortfamilie Pflanz pflanz ein.

In unserer Klasse steht eine Topfpflanze.

Wir suchen den ennamen

im enbuch.

Lisa fragt: „Ist das eine Gift e?"

Jonas sagt: „Nein, das ist eine Zimmer e.
Sie heißt Grünlilie."

Wir wollen ihre Ableger ein en.

Die Einführung der Begriffe *Wortstamm* und *Wortfamilie* muss zuvor mit der gesamten Klasse erfolgen.

Merkwörter mit h (M)

1 Welche Wörter gehören zur gleichen Wortfamilie?
Male den Wortstamm farbig an: fahr zahl zahn

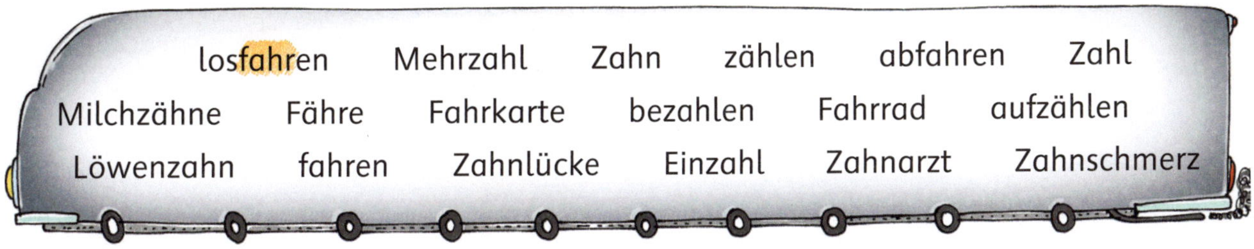

2 Ordne die Wörter nach ihrem Wortstamm in die Tabelle ein.
Male das **h** im Wortstamm gelb an.

Fahr fahr Fähr	Zahl zahl zähl	Zahn zahn zähn
losfahren		

3 Suche in der Wörterliste bei F/f Wörter, die zur Wortfamilie früh Früh gehören.

● der Löwenzahn

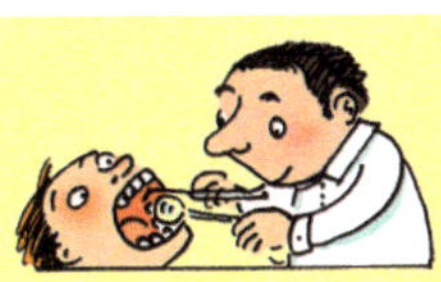
● der Zahnarzt

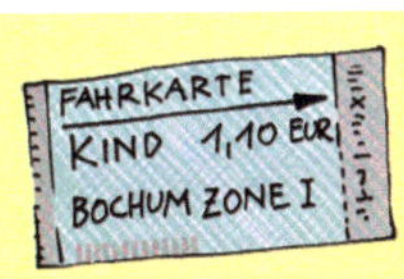

● die Fahrkarte

● die Fähre

○ die Fühler

Die Begriffe *Wortstamm* und *Wortfamilie* mit der gesamten Klasse wiederholen, evtl. Sprachbuch Seite 60, Aufgabe 1 mündlich mit allen Kindern gemeinsam erarbeiten. Umlautbildung (zahl – zähl) thematisieren.

Hier üben wir

1 Ordne die Sätze den Bildern zu.

- [ ] Die Bauern arbeiten auf dem Feld.
- [1] Die Sonne scheint. Wir stehen im Garten.
- [ ] Ein Vogel sitzt ganz oben im Baum.
- [ ] Wir setzen Pflanzen in die Erde.

2 Schreibe die Sätze in der richtigen Reihenfolge auf.

Die Sonne

3 Schreibe die Nomen mit der Verkleinerungsform chen auf.

- der Baum — das Bäumchen
- der Vogel
- der Zaun
- die Tür

Der Übungstext der Sprachbuchseite muss vorher inhaltlich erarbeitet sein.

3. Jo-Jo-Test

Texte überarbeiten

1 Trage die passenden Satzanfänge ein.

Sofort … Später … Danach … Zum Glück … Plötzlich …

Tim feiert seinen Geburtstag im Kinderland. Endlich sind alle seine Gäste da.

_____ stürmen alle los und rutschen.

_____ probieren sie den neuen Wackelpilz aus.

_____ trinken sie etwas.

_____ ist Tim verschwunden.

_____ findet ihn Sabine wieder.

Adjektive erkennen

2 Welche Wörter sind Adjektive? Schreibe sie auf.

schwer hoch laufen ● der Geburtstag neu schnell riesig
schwimmen süß ○ die Gäste blau bauen sauer rund groß

3 Verbinde die Gegensätze.

schmutzig	hell	dick	warm
trocken	sauber	kalt	groß
dunkel	nass	klein	dünn

Unterschiedliche Satzanfänge passend einsetzen, Adjektive von Verben und Nomen unterscheiden, Gegensatzpaare erkennen.

Verkleinerungsformen

4 Verbinde, was zusammen gehört.

● der Hase	● das Blümchen
● die Blume	● das Häschen
● der Stock	● das Püppchen
● die Puppe	● das Stöckchen
● der Punkt	● das Pünktchen

Wortstamm und Wortfamilie

5 Verbinde die Wortbausteine. Schreibe die Wörter.
Unterstreiche den Wortbaustein roll oder Roll.

hinunter		en	
zusammen	roll	en	
aus		en	

	er	●	
Roll	treppe	●	
	schuhe	○	

Wörter richtig schreiben

6 Setze Sp/ sp oder St/ st ein. Denke daran: Nomen schreibt man groß.

Die Kinder ___ ielen auf der ___ raße.

Sandra ___ eigt auf einen ___ eilen Berg.

Tom ___ richt oft ___ undenlang über ___ ort.

Wie wir leben

Mama und Papa wollen verreisen. Die Kinder sollen nicht alleine bleiben.
Nina hat die Idee, dass Oma kommt. Sie ruft Oma an.

1 Suche dir ein anderes Kind. Lest und spielt das Gespräch.
Achtet dabei auf die Betonung.

2 Warst du schon mal ohne deine Eltern zu Hause?
Wie ging es dir dabei? Schreibe und male.

Die Sprachbuchseite 64 gemeinsam mit allen Kindern erarbeiten. Während die Aufgabe 3 im Sprachbuch bearbeitet wird, können die Kinder die hier vorgegebene Lösung einüben und anschließend vortragen.

Texte vortragen

1 Lies den Witz. Sprich deutlich und betont.
Beachte die Zeichen.

Pause | Stimme hoch | Stimme runter | **fett gedruckt** besonders betonen

Ein Junge **fällt** in einen See.
Ein Mann **rettet** ihn und fragt:
„Warum bist du denn
nicht **geschwommen**?"
Der Junge antwortet:
„Auf dem Schild steht doch:
Schwimmen verboten!"

2 Lies den 2. Witz.
Übe ihn ebenso.
Lies ihn anderen Kindern betont vor.

Ein Elefant schwimmt im See.
Plötzlich ruft eine Maus am Ufer:
„**Elefant, Elefant, komm raus!**"
Der Elefant steigt aus dem Wasser.
Da sagt die Maus:
„**Okay**, du kannst wieder reingehen.
Ich wollte nur sehen,
ob du meine Badehose an hast!"

3 Male ein Bild zu dem 2. Witz.

4 Kennst du einen eigenen Witz?
Schreibe ihn auf und trage ihn vor.

Das Vortragen von Texten sollte mit der gesamten Klasse geübt werden.
Die hier verwendeten Betonungszeichen können auch bei der Arbeit mit allen Kindern der Klasse eingeführt werden.

Aufforderungssätze

Nach Aufforderungssätzen steht ein Ausrufezeichen: !

1 Male rot an: Was sagt die Lehrerin?
Male blau an: Was sagen die Eltern?

2 Schreibe die Sätze ab. Denke an das Ausrufezeichen.

Das sagt die Lehrerin:

Das sagen die Eltern:

Einführung in die Thematik *Aufforderungssätze* mit der gesamten Klasse (vgl. Sprachbuch Seite 66, Aufgabe 1).

Satzarten und Satzschlusszeichen

1 Setze ein: ? oder !

Hole den Ball	Spielst du mit mir
Kannst du mir bitte helfen	Wasch dir die Hände
Liest du gern	Füttere den Hund
Komm ins Haus	Wo ist die Sporttasche

2 Schreibe nur die Fragesätze ab. Denke an das Satzschlusszeichen.

3 Bilde sinnvolle Aussagesätze. Was gehört zusammen?
Male die Teile in gleichen Farben an.
Setze das Satzschlusszeichen.

Ich	backt einen Kuchen
Mein Bruder	feiern ein Fest
Mutter	helfe in der Küche
Opa	deckt den Tisch
Papa	räumt sein Zimmer auf
Wir	wäscht die Wäsche

4 Schreibe die Sätze in dein Heft.

Die Satzarten vorher wiederholen. Sprachbuch Seite 67, Aufgabe 1 sollte vor der Bearbeitung dieser Arbeitsheftseite mit allen Kindern der Klasse erarbeitet werden.

Wörter mit b, d, g verlängern

1 Setze den fehlenden Buchstaben ein.

g oder k?

alle Ber g e
● der Ber ___

alle Zwer ___ e
● der Zwer ___

alle Köni ___ e
● der Köni ___

alle Bän ___ e
● die Ban ___

d oder t?

alle Elefan ___ en
● der Elefan ___

alle Lich ___ er
● das Lich ___

alle Kin ___ er
● das Kin ___

alle Hun ___ e
● der Hun ___

b oder p?

alle Kör ___ e
● der Kor ___

alle Sie ___ e
● das Sie ___

alle Stä ___ e
● der Sta ___

alle Die ___ e
● der Die ___

2 Schreibe auf, was fehlt.

Im Geschäft gibt es viele  Hem d en.

Papa bekommt ein neues  Hem ___ .

In der Bäckerei gibt es viele  Bro ___ e.

Mama kauft ein  Bro ___ .

Auf dem Bahnhof stehen viele  Zü ___ e.

Paul wartet auf den  Zu ___ .

Nina bekommt viele  Geschen ___ e.

Sie packt das erste  Geschen ___ aus.

Das Verlängern von Wörtern zuvor mit allen Kindern der Klasse einüben.

Hier üben wir

1 Setze die passenden Nomen ein.

~~Vater~~ • Mutter • Oma • Teig • Kinder • Kuchen

• Teig • Schüssel • Oma • Obst • Kuchen • Ofen

Morgen kommen  Vater und  ______ wieder.

 ______ und die  ______ backen

einen großen  ______. Der  ______

muss noch etwas in der  ______ liegen.

Dann rollt Leon den  ______ aus.

Sofia legt das  ______ auf den Teig.

 ______ schiebt den  ______

in den heißen  ______.

2 Unterstreiche alle Verben im Text von Aufgabe 1 rot. Schreibe sie auf.

______

______

3 Was gehört zusammen? Verbinde.

legen	rollen	schieben	liegen
Leon rollt	Sofia legt	der Teig liegt	Oma schiebt

Sommer

Nomen = Namenwort
Verb = Tuwort

1 Setze die Verben und die Nomen ein. Die Nomen findest du im gelben Feld.

~~schläft~~ taucht liegt sitzt paddelt bauen

Papa schläft unter einem bunten Sonnenschirm.

Tina ________ in einem grünen ________.

Carlo ________ auf einer gelben ________.

Oma ________ in einem großen ________.

Tom ________ mit einer roten ________.

Lisa und Tim ________ eine schöne ________.

● die Sandburg
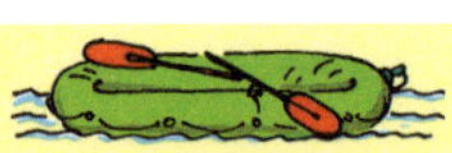
● das Schlauchboot
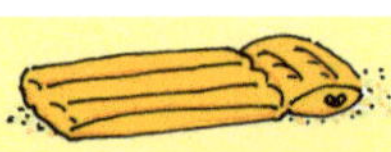
● die Luftmatratze

● die Taucherbrille
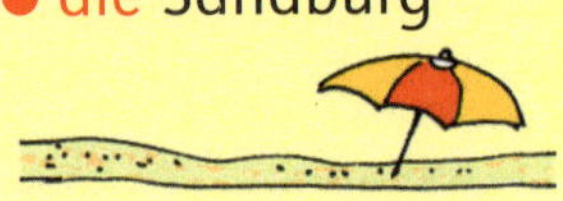
● der Sonnenschirm

● der Strandkorb

● der Wasserball

● das Paddel

Die Bildbetrachtung (Sprachbuchseite 70) mit der ganzen Klasse vorschalten, dabei das Antworten im ganzen Satz thematisieren. Die Herleitung des Verb *paddeln* vom abgebildeten Nomen *Paddel* erklären.

Eine Postkarte schreiben

1 Trage die Textteile an den richtigen Stellen in die Postkarte ein.

~~Liebe Oma,~~

12345 Hohl

Holzstr. 6

Frau
Steffi Math

hier ist es toll!

Deine Kati

Ich bin den ganzen
Tag im Wasser.

Gestern war ich bei
einer Schatzsuche dabei.

Wortfelder

Verb = Tuwort

1 Wortfeld gehen : Wir können auf verschiedene Arten gehen.
Schreibe die Verben in die Lücken. Die Zeichen helfen dir.

▲ ~~schleichen~~ ◆ hüpfen ■ rennen

Die Indianer schleichen um das Feuer. ▲

Die Kinder ______ hinter dem Ball her. ■

Tina und Lisa ______ wie ein Frosch. ◆

2 Wortfeld sprechen : Wir können auf verschiedene Arten sprechen.
Schreibe die Verben in die Lücken. Die Zeichen helfen dir.

▲ flüstern ◆ erzählen ■ schreien

Auf dem Fußballplatz ______ alle laut: Toooor! ■

Die Kinder ______ von den Ferien. ◆

Wir ______ uns Geheimnisse ins Ohr. ▲

3 Unterstreiche die Wörter aus dem Wortfeld sprechen rot.
Unterstreiche die Wörter aus dem Wortfeld gehen grün.

bummeln reden rufen laufen schimpfen stampfen

fragen wandern rennen flüstern schlurfen brüllen

Das Thema *Wortfelder* zuvor mit der ganzen Klasse erarbeiten.

Wörterspiele

1 Schreibe die zusammengesetzten Nomen unter das Bild.

- ~~der Sonnenschirm~~
- die Sonnenbrille
- der Sonnenhut
- die Sonnenblume

- der Wasserfall
- der Wasserhahn
- der Wassereimer
- der Wasserball

Sonnen 

der Sonnenschirm

Sonnen 

Sonnen 

Sonnen 

Wasser 

Wasser 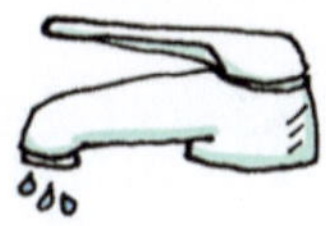

Wasser 

Wasser 

2 Hier stimmt etwas nicht. Wie heißen die Wörter richtig?
Schreibe sie mit ihrem Artikel auf.

 Burgsand

 Korbstrand

Den Begriff *zusammengesetzte Nomen* zuvor kurz wiederholen.

Wörter mit doppelten Mitlauten

1 Was gehört zusammen? Verbinde.

○ Schif	● Kof	● Schat	● Wan	● Wat	● Quel
fer	ten	fe	le	ne	te

2 Schreibe die Wörter mit ihrem Artikel auf.
Setze die Silbenbögen.

die Schiffe,

3 Setze die die doppelten Mitlaute ein: ~~mm~~ ss mm ff nn tt

Es ist So mm er. Papa liegt am Strand.
Die So ___ e brennt vom Hi ___ el.
Auf dem Wa ___ er fährt ein großes Schi ___ .
Die Kinder spielen. Mama liegt im Scha ___ en.

4 Im Text versteckt sich ein Verb mit doppeltem Mitlaut.
Findest du es?

5 Schreibe die Reimwörter auf.

kennen	hell	hoffen	knallen
br	schne	o	fa

Vor Bearbeitung der Seite muss die Einführung der doppelten Mitlaute mit der ganzen Klasse erfolgt sein.

Hier üben wir

1 Schreibe den Text mit den passenden Wörtern auf.

Am Wasser

Sina und Tom spielen am  .

Sie werfen kleine  ins  .

Die Kinder haben ein  dabei

und wollen es schwimmen lassen.

Da hören sie es leise donnern. Ein  zieht auf.

- See
- Boot
- Wasser
- Steine
- Gewitter

Am Wasser

2 Welche Verben aus dem Text stecken in der Wörterschlange?
Schreibe sie auf.

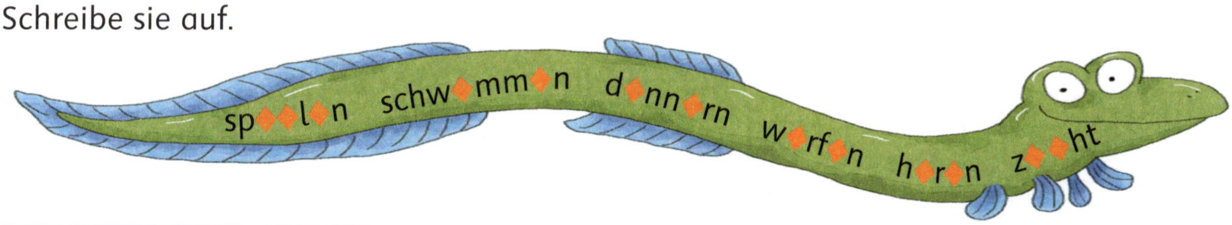

Ich liebe Bücher

1 Schreibe die Sätze zu Ende. Die Bilder helfen dir.

Der Titel von Tims Buch ist

Die Autorin, die es geschrieben hat, heißt

Der Illustrator, der die Bilder gemalt hat, heißt

Tims Buch erzählt von einem

Wahrscheinlich heißt es so, weil es

2 Hast du ein Lieblingsbuch? Schreibe auf:

Titel:

Autorin oder Autor:

Illustratorin oder Illustrator:

Es handelt von

Die Sprachbuchseite 76 gemeinsam mit allen Kindern erarbeiten, ggf. auch unter Einbeziehung der Aufgaben 1 und 2. Begriffe wie *Autor*, *Illustrator* und *Titel* müssen im Vorfeld geklärt werden.

Steckbriefe und Diagramme

1 Was für Bücher gibt es? Setze die Wörter ein.

● Bilderbuch ● Märchenbuch ● Geschichtenbuch
● Kochbuch ● Sachbuch ● Bastelbuch

Ein Buch, in dem viele Märchen erzählt werden, heißt

______________________________.

Ein Buch mit vielen großen Bildern nennt man

______________________________.

Ein Buch mit Rezepten zum Kochen heißt

______________________________.

Ein Buch mit vielen Ideen zum Basteln nennt man

______________________________.

Ein Buch, in dem man viele Geschichten lesen kann, heißt

______________________________.

Ein Buch, das dir viele Sachen erklärt, heißt

______________________________.

2 Was liest du gerne?

____

____

Die Sprachbuchseite 77, Aufgabe 1 zuvor mit allen Kindern der Klasse gemeinsam besprechen, Begriffe klären, z. B. Krimi, Sachbücher.

Die Bücherei kennen lernen

1 Lies die Texte.
Setze die Wörter ein.

○ Bücher ● Bücherei ○ Regale ● Leseausweis

In einer Bücherei kannst du _____ lesen und ausleihen.

Es gibt viele _____.
Dort findest du verschiedene Bücher, aber auch Kassetten, CD's, DVD's und manchmal sogar Computerspiele.

Frau Mayer ist die Leiterin der _____.
Sie hilft dir, wenn du ein Buch suchst.

Du darfst Bücher oder andere Dinge ausleihen und für eine bestimmte Zeit mit nach Hause nehmen.
Dazu brauchst du einen _____.

Die Sprachbuchseite 78, Aufgabe 1 mit allen Kindern der Klasse gemeinsam lesen und besprechen, Begriffe klären, z. B. Bücherei, Leseausweis.

Geschichten entwickeln

1 Lies zuerst die Texte auf den gelben Feldern.
Finde dann zu jedem Text das passende blaue Feld.
Verbinde, was zusammen gehört.

An einem Tag im Sommer gingen Sinan und Felix in den Park und setzten sich auf die Wiese. Genau in dem Moment flog der Fußball von Murat direkt auf Sinans Kopf.

Michel machte fast jeden Tag Unfug. Eines Tages gab es zum Mittagessen eine herrliche Fleischsuppe mit Gemüse. Michel schlürfte zwei Teller in sich hinein und dann steckte er den Kopf in die Suppenschüssel, um auch den letzten Rest noch aufzuschlecken.

Jedes Jahr denkt Anna:
Dieses Jahr kriege ich einen Hund zum Geburtstag.
Und wenn sie keinen bekommt, denkt sie:
Aber zu Weihnachten kriege ich bestimmt einen Hund.

Das aber hätte er nicht tun sollen, denn als er den Kopf wieder herausziehen wollte, ging es nicht.
„Au, ich stecke fest!", schrie Michel.
Astrid Lindgren

Heute ist Heiligabend.
Mama und Papa lachen, als sie ins Zimmer kommt.
Da steht ein großer Christbaum mit elektrischen Kerzen.
Und vor dem Christbaum steht ein neues Fahrrad.
Anna kann es nicht glauben.
Bettina Obrecht

„Aaaach!", rief Sinan auf Türkisch.
„Das hat wehgetan!"
Özür dilerim!", sagte Murat.
„Bilerek olmadı."
„Fark etmez!", sagte Sinan.
Felix verstand kein einziges Wort.
Aygen-Sibel Çelik

Zur Vorbereitung Sprachbuch Seite 79, Aufgabe 1 mit allen Kindern der Klasse gemeinsam erarbeiten. Özür dilerim! (ö-sürr di-lä-rrimm) Es tut mir leid! – Bilerek olmadı. (bi-lä-rräck-oll-ma-de) Das war keine Absicht. – Fark etmez! (farrck ätt-mäs) Macht nichts!

4. Jo-Jo-Test

Satzarten und Satzschlusszeichen

1 Lies das Gespräch. Nummeriere, in welcher Reihenfolge die Kinder sprechen. Trage die passenden Satzschlusszeichen ein: . ? !

2 Schreibe das Gespräch in der richtigen Reihenfolge auf.

b, d, g am Wortende

3 Verlängere im Kopf und schreibe dann den fehlenden Buchstaben.

 ● der Kor

 ● der Wal

 ● der Zwer

 ● das Pfer

 ● die Han

 ● der Köni

Ein Gespräch in einer sinnvollen Reihenfolge aufschreiben, Satzarten erkennen, Wörter mit Auslautverhärtung richtig vervollständigen.

Wörterspiele

4 Wie heißen die verdrehten Wörter? Schreibe sie richtig daneben.

Die letzten Wochenschul waren sehr aufregend.

Es gab ein Festsommer mit vielen Spielen.

Die 4. Klasse führte auf dem Hofschul

ein Stücktheater auf.

Heute ist der letzte Tagschul.

Alle verabschieden sich in die Feriensommer.

Wortfelder

5 Unterstreiche nur die Wörter, die zum Wortfeld gehen passen.

gehen essen schlecken rennen hüpfen schleichen reden

flüstern humpeln sprechen laufen speisen bummeln schlurfen

Wörter mit doppelten Mitlauten

6 Was gehört zusammen? Verbinde.

● Som ● Kof ● Son ● Was ● Pup fal ren schwim

ne mer fer pe len ser men nen

7 Schreibe die Wörter auf. Übermale den doppelten Mitlaut.

Wörterliste

A/a

der Abend, die Aben|de
al|le
der Ap|fel, die Äp|fel
der Ap|ril
die Ar|beit, die Ar|bei|ten
ar|bei|ten, er ar|bei|tet
der Ast, die Äs|te
der Au|gust
das Au|to, die Au|tos

B/b

ba|cken, sie bäckt
das Bad, die Bä|der
ba|den, er ba|det
die Bahn, die Bah|nen
bald
der Ball, die Bäl|le
das Band, die Bän|der
die Bank, die Bän|ke
bau|en, sie baut
der Bau|er, die Bau|ern
der Baum, die Bäu|me
das Bett, die Bet|ten
bit|ten, sie bit|tet
blau
blei|ben, er bleibt
die Blu|me, die Blu|men
das Boot, die Boo|te
brau|chen, sie braucht
der Brief, die Brie|fe
brin|gen, er bringt
das Brot, die Bro|te
der Bru|der, die Brü|der
das Buch, die Bü|cher
bunt
der Bus, die Bus|se
die But|ter

C/c

der Com|pu|ter, die Com|pu|ter

D/d

dan|ken, sie dankt
dann
de|cken, er deckt
denn
der De|zem|ber
der Diens|tag, die Diens|ta|ge
die|sem
dir
don|nern, es don|nert
der Don|ners|tag, die Don|ners|ta|ge
das Dorf, die Dör|fer
dort
drei
dun|kel
dür|fen, er darf

E/e

das Eis
die Er|de
er|zäh|len, sie er|zählt
es|sen, er isst
et|was
euch
eu|er

F/f

fah|ren, sie fährt
fal|len, er fällt
fan|gen, sie fängt
der Fe|bru|ar
feh|len, sie fehlt
der Feh|ler, die Feh|ler
feh|ler|frei
die Fei|er, die Fei|ern
fei|ern, er fei|ert
das Feld, die Fel|der
die Fe|ri|en
fern|se|hen, er sieht fern
fest
der Fisch, die Fi|sche
die Fla|sche, die Fla|schen
das Fleisch
flie|gen, sie fliegt
fort
fra|gen, er fragt
die Frau, die Frau|en
der Frei|tag, die Frei|ta|ge
freu|en, sie freut sich
der Frie|den
früh
der Früh|ling
das Früh|stück

G/g

ganz
der Gar|ten, die Gär|ten
ge|ben, er gibt
ge|hen, sie geht
gelb
das Geld, die Gel|der
das Ge|mü|se
ge|sund
das Ge|wit|ter, die Ge|wit|ter
das Glas, die Glä|ser
groß
grün
die Grup|pe, die Grup|pen
gut

H/h

das Haar, die Haa|re
ha|ben, er hat, du hast
hän|gen, es hängt
sie hat|te
das Haus, die Häu|ser
das Heft, die Hef|te
heiß
hel|fen, sie hilft
der Herbst
heu|te
hier
hoch
das Hoch|haus, die Hoch|häuser
der Hof, die Hö|fe
ho|len, er holt
das Holz, die Höl|zer
hö|ren, er hört
die Ho|se, die Ho|sen
der Hund, die Hun|de

I/i

der Igel, die Igel
ihm
ihn
ih|nen
ihr
im|mer

J/j

das Jahr, die Jah|re
der Ja|nu|ar
der Ju|li
der Jun|ge, die Jun|gen
der Ju|ni

K/k

kalt
sie kam
die Kan|ne, die Kan|nen
die Kat|ze, die Kat|zen
kau|fen, er kauft
kein
ken|nen, er kennt
die Ker|ze, die Ker|zen
das Kind, die Kin|der
die Klas|se, die Klas|sen
das Kleid, die Klei|der
klein
der Kof|fer, die Kof|fer
kom|men, er kommt
kön|nen, sie kann
der Kopf, die Köp|fe
krank
der Kreis, die Krei|se
die Kü|che, die Kü|chen
der Ku|chen, die Ku|chen
der Kür|bis, die Kür|bis|se
kurz

L/l

la|chen, er lacht
die Lam|pe, die Lam|pen
lang
lang|sam
las|sen, sie lässt
lau|fen, er läuft
laut
leer
le|gen, er legt
leh|ren, sie lehrt
der Leh|rer, die Leh|rer
die Leh|re|rin, die Leh|re|rin|nen
lei|se
ler|nen, sie lernt
le|sen, er liest
die Leu|te
lie|ben, sie liebt
das Lied, die Lie|der
lie|gen, er liegt
der Löf|fel, die Löf|fel
lus|tig

M/m

	ma|chen, sie macht
das	Mäd|chen, die Mäd|chen
der	Mai
	ma|len, er malt
der	Mann, die Män|ner
der	März
	mehr
das	Mes|ser, die Mes|ser
die	Milch
	mir
die	Mit|te
der	Mitt|woch, die Mitt|wo|che
er	möch|te
der	Mo|nat, die Mo|na|te
der	Mon|tag, die Mon|ta|ge
	mor|gen
	müs|sen, er muss
die	Mut|ter, die Müt|ter

N/n

der	Na|me, die Na|men
die	Na|se, die Na|sen
	neh|men, er nimmt
	neu
	nicht
der	No|vem|ber

O/o

	oben
das	Obst
der	Ofen, die Öfen
	of|fen
	oh|ne
der	Ok|to|ber
der	On|kel, die On|kel

P/p

	pa|cken, sie packt
das	Pa|pier, die Pa|pie|re
die	Pflan|ze, die Pflan|zen
	pflan|zen, er pflanzt
der	Plan, die Plä|ne
	pla|nen, sie plant
der	Platz, die Plät|ze
die	Pup|pe, die Pup|pen
	put|zen, er putzt

R/r

	rei|sen, er reist
der	Ring, die Rin|ge
der	Rock, die Rö|cke
	rol|len, es rollt
der	Rol|ler, die Rol|ler
	rot
	ru|fen, sie ruft

S/s 

sa|gen, sie sagt
sie sah
der Sand, die San|de
der Satz, die Sät|ze
sau|ber
schei|nen, sie scheint
schen|ken, er schenkt
schi|cken, sie schickt
schie|ben, er schiebt
das Schiff, die Schif|fe
schla|fen, er schläft
schmü|cken, er schmückt
der Schnee
schnell
schön
schrei|ben, sie schreibt
der Schuh, die Schu|he
die Schu|le, die Schu|len
der Schü|ler, die Schü|ler
die Schüs|sel, die Schüs|seln
schwarz
schwer
die Schwes|ter, die Schwes|tern
schwim|men, er schwimmt
der See, die Se|en
se|hen, sie sieht
sehr
der Sep|tem|ber
set|zen, er setzt
sie
sie|ben
sie sind
sin|gen, er singt
sit|zen, sie sitzt
der Som|mer, die Som|mer
der Sonn|abend, die Sonn|aben|de
die Son|ne, die Son|nen
der Sonn|tag, die Sonn|ta|ge
spät
das Spiel, die Spie|le
spie|len, er spielt
spitz
der Sport
sprin|gen, sie springt
der Stab, die Stä|be
die Stadt, die Städ|te
ste|cken, er steckt
ste|hen, sie steht
der Stein, die Stei|ne
der Stern, die Ster|ne
die Stra|ße, die Stra|ßen
der Stuhl, die Stüh|le
su|chen, sie sucht
die Sup|pe, die Sup|pen

T/t 

die Ta|fel, die Ta|feln
der Tag, die Ta|ge
die Tan|te, die Tan|ten
die Ta|sche, die Ta|schen
die Tas|se, die Tas|sen
der Tee
der Teig
der Tel|ler, die Tel|ler
der Text, die Tex|te
das Tier, die Tie|re
der Tisch, die Ti|sche
die Tor|te, die Tor|ten
tra|gen, er trägt
trin|ken, sie trinkt
das Tuch, die Tü|cher
die Tür, die Tü|ren
tur|nen, er turnt
die Tü|te, die Tü|ten

U/u

üben, sie übt
über
über|le|gen, sie über|legt
die Übung, die Übun|gen
und
un|ten
un|ter

V/v

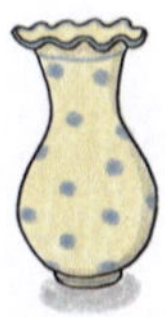

der Va|ter, die Vä|ter
das Veil|chen, die Veil|chen
viel, vie|le
vier
der Vo|gel, die Vö|gel
voll
vom
von
vor

W/w

die Wahl, die Wah|len
wäh|len, sie wählt
der Wäh|ler, die Wäh|ler
der Wald, die Wäl|der
die Wand, die Wän|de
es war
warm
wa|schen, er wäscht
das Was|ser
weich
das Weih|nach|ten
weiß
weit
wei|ter
wenn
wer|den, sie wird
wer|fen, er wirft
das Wet|ter
wie|der
die Wie|se, die Wie|sen
der Wind, die Win|de
der Win|ter, die Win|ter
wir
wis|sen, er weiß
die Wo|che, die Wo|chen
die Wol|ke, die Wol|ken
wol|len, sie will
wün|schen, er wünscht

Z/z

die Zahl, die Zah|len
zäh|len, sie zählt
der Zaun, die Zäu|ne
zeich|nen, er zeich|net
zei|gen, sie zeigt
die Zeit, die Zei|ten
zie|hen, sie zieht

Zur Konzeption des Jo-Jo Sprachförderhefts

Das Jo-Jo Sprachförderheft ist eng auf die Themenkapitel des Jo-Jo Sprachbuchs abgestimmt. Jeder Sprachbuchseite der zwölf Themenkapitel ist eine Seite im Förderheft zugeordnet: Seite 4 im Förderheft entspricht Seite 4 im Sprachbuch usw.

Im Jo-Jo Sprachförderheft werden die wichtigsten Inhalte und Aufgaben der Sprachbuchseiten vereinfacht aufbereitet. Dabei werden besonders auch solche Aspekte berücksichtigt, die für den **Zweitspracherwerb** relevant sind, z. B.:
- Der Wortschatz der Sprachbuchseiten wird durch Illustrationen verdeutlicht.
- Nomen erscheinen stets mit farbig gekennzeichnetem Artikel.
- Vorgaben von Satzmustern erleichtern und üben die Bildung korrekter grammatischer Strukturen.
- Wiederkehrende Übungsformate fördern das selbstständige Arbeiten.
- Aufgabenformulierungen bleiben bei gleicher Aufgabenstellung auch sprachlich gleich.
- Jo-Jo-Aufgaben bieten Differenzierungsangebote für fortgeschrittene Kinder.

Die Einführung in die Thematik der einzelnen Sprachbuchseiten findet immer gemeinsam mit allen Kindern statt. Diese Vorbereitung ist Voraussetzung für die weitgehend selbstständige Bearbeitung der Sprachförderheftseiten.

Auf zahlreichen Seiten des Sprachförderhefts wird in der Wort-Bild-Leiste der lexikalische Bereich der entsprechenden Sprachbuchseite geklärt. Das dort enthaltene Wortmaterial wird im Sprachförderheft an anderen Stellen wiederholt, sodass eine Festigung des Wortschatzes möglich wird.

Analog zum Sprachbuch werden auf verschiedenen Sprachförderheftseiten (vereinfachte) Jo-Jo-Aufgaben zur Differenzierung angeboten.

Kapitelauftaktseiten: Im Unterrichtsgespräch über die Auftaktseiten lernen die Kinder das Thema des Kapitels und den schwerpunktmäßig benötigten Wortschatz kennen. Die entsprechende Sprachförderheftseite greift Bildausschnitte aus der Sprachbuchseite auf und arbeitet in vereinfachter Form am Bildinhalt. Dabei werden insbesondere Satzmuster zur Bildbeschreibung und das Antworten in vollständigen Sätzen geübt.

Hier üben wir: Auf diesen Seiten werden die Kinder mit dem Übungstext im Sprachbuch vertraut. Zum Verständnis des Inhalts wird der Sprachbuchtext durch Bildmaterial unterstützt. Vereinfachte Sätze sollen den Bildern zugeordnet und abgeschrieben werden, so dass mehrfach mit dem Wortmaterial gearbeitet wird. Durch das Abschreiben ergibt sich ein vereinfachter kurzer Text, passend zum Übungstext im Sprachbuch, der einen großen Teil des dortigen Übungswortschatzes enthält.

Jo-Jo Testseiten: Es wurde bewusst darauf geachtet, den Testcharakter deutlich zu erhalten. Auch hier wird das semantische Verständnis durch Bilder unterstützt. Gegenüber den Sprachbuch-Testseiten wurde der Textumfang verringert, die Aufgaben, Sätze und der inhaltliche Anspruch vereinfacht. So erhalten auch die Kinder, die mit dem Sprachförderheft arbeiten, die Möglichkeit zu zeigen, was sie in den einzelnen Kapiteln an Lernzuwachs erworben haben.

Das Sprachförderheft ist für den **unterrichtsbegleitenden Einsatz** konzipiert. Es kann nach der gemeinsamen Einführung in das Thema der Sprachbuchseite als Alternativangebot zu den Sprachbuchaufgaben eingesetzt werden. Während ein Teil der Kinder die Übungen im Sprachbuch bearbeitet, können andere Kinder im Sprachförderheft bei annähernd gleicher Zielsetzung selbstständig an den sprachlich und inhaltlich aufbereiteten Aufgaben arbeiten. So werden diese Kinder durch das Sprachförderheft nicht noch mit zusätzlichen Arbeitszeiten belastet. Die Übungen sind so angelegt, dass der damit verbundene Zeitaufwand in etwa der Bearbeitung der Sprachbuchaufgaben entspricht.

Je nach Leistungsvermögen der Kinder können einzelne Sprachbuchaufgaben im Anschluss an die Arbeit im Sprachförderheft ebenfalls bearbeitet werden.

Wird das Sprachförderheft **unterrichtsvorbereitend** eingesetzt, ist es unerlässlich, dass die Aufgaben und Übungen durch die Lehrerin vorbereitet und begleitet werden.

Zur **Nachbereitung des Unterrichts** kann das Sprachförderheft als zusätzliches Übungsmaterial, z. B. als Hausaufgabe, eingesetzt werden.